Nestor SALUMU NDALIBANDU

L'ESPRIT DU CHRIST FAIT DU CHRÉTIEN UN LEADER (cf. Luc 4,18-19)

Nestor SALUMU NDALIBANDU

L'ESPRIT DU CHRIST FAIT DU CHRÉTIEN UN LEADER (cf. Luc 4,18-19)

Acquis, défis et perspectives

Éditions Croix du Salut

Imprint
Any brand names and product names mentioned in this book are subject to trademark, brand or patent protection and are trademarks or registered trademarks of their respective holders. The use of brand names, product names, common names, trade names, product descriptions etc. even without a particular marking in this work is in no way to be construed to mean that such names may be regarded as unrestricted in respect of trademark and brand protection legislation and could thus be used by anyone.

Cover image: www.ingimage.com

Publisher:
Éditions Croix du Salut
is a trademark of
Dodo Books Indian Ocean Ltd., member of the OmniScriptum S.R.L Publishing group
str. A.Russo 15, of. 61, Chisinau-2068, Republic of Moldova Europe
Printed at: see last page
ISBN: 978-620-3-84278-4

DEDICACE

Nous dédions ce travail :

A la Bienheureuse Marie Clémentine Anuarité NENGAPETA,Au Bienheureux Isidore BAKANJA,
A Monsieur Floribert BWANA CHUI BIN KOSITI,

Pour avoir versé le sang au nom de leur identité chrétienne

PREFACE

L'auteur de cette publication est un prêtre qui a assumé plusieurs responsabilités, à des périodes différentes, dans son diocèse. Licencié en philosophie et en théologie, il est actuellement doctorant à l'Université de Kisangani. Fort de son expérience pastorale en paroisse, il offre sa réflexion sur les attentes de l'engagement chrétien en se référant au Renouveau charismatique et aux communautés nouvelles. D'où le titre de l'ouvrage : ''L'Esprit du Christ fait du chrétienun leader''.

Il se penche sur Luc 4, 18-19 où le Christ reconnaît avoir été marqué de l'empreinte de l'Esprit de Dieu. Le chrétien saisi par l'Esprit du Seigneur est invité à changer de vie, non pour lui seul, mais pour travailler à l'œuvre de Dieu : donner la joie aux pauvres, rendre la vue aux aveugles, la liberté aux captifs et, apporter au monde renouvelé un temps de bienfaits. S'il est vrai que le Renouveau charismatique est une chance pour l'Eglise, il reste tout aussi vrai que son activité exige, de la part de ses membres, un discernement sérieux et permanent. Le chrétien renouvelé, c'est-à-dire ayant reçu l'effusion de l'Esprit, doit changer de manière radicale. L'auteur fait, ensuite, le distinguo entre les mots de leader, de leadership et de charismatique, avant d'en dégager les défis etde proposer des perspectives de solution.

Cet ouvrage est un guide intéressant pour tout chrétien engagé et soucieux de voir le changement en soi et, l'amélioration des conditions de vie autour de soi.

Monseigneur PLACIDE LUBAMBA

Evêque de KASONGO, **République Démocratique du Congo**

AVANT PROPOS

Pendant le moment critique de l'histoire de notre pays, les Evêques ont exhorté les laïcs de prendre en mains leurs responsabilités. Notre pays la République Démocratique du Congo sous la menace de la balkanisation, des initiatives été prises pour la révision de la constitution et de la loi électorale[1]. L'Episcopat a réalisé un travail de … et souhaite que dynamique d'engagement pour la libération du Congo soit réappropriée par toutes les couches de la population. C'est la réappropriation du leadership par tout chrétien[2]. Ce dernier n'est pas parfois conscient et convaincu de cette responsabilitéqui lui incombe de son identité chrétienne d'engagement social.

Dans ses nombreuses interventions sur la vie des chrétiens, Saint Léon le Grand ne cessait de revenir sur l'exhortation pathétique ''reconnais o chrétien ta dignité'' *Agnosce christiane dignitatem tuam*. "C'est la dignité d'être participant de la nature divine, de la race divine et de ne pas adopter un comportement indigne de sa race. La trinité tout entière agit dans le chrétien, de par le baptême et chaque fois qu'il fait le signe de croix.

La nature à laquelle participe tout chrétien est révélée dans les écritures saintes. Le fidèle chrétien assume cette vocation à partir des sacrements d'initiation chrétienne à savoir le baptême, la confirmation, et la première communion. Cette prise de conscience de cette responsabilité du laïc qui naît de ces sacrements ne se manifeste pas souvent.

L'originalité du concile Vatican II est d'avoir valorisé la place du laïc dans l'Eglise comme conséquence de sa vocation chrétienne. L'église lui

---

[1] CENCO,***Peuple congolais lève-toi et sauve ta patrie, fidélité à l'unité nationale et à l'intégrité territoriale de la RD CONGO***, Kinshasa, Secrétariat, 2013, p. 5.

[2] N. SALUMU NDALIBANDU, ***Eglise catholique et droits de l'homme enRDC 1991-2016***, Paris, L'Harmattan, 2018, p. 6-4.

accorde un statut particulier comme membre et responsable de la vitalité de l'Eglise. Ce dernier départ le baptême et la confirmation est doté des dons et charismes pour l'édification de l'Eglise et la transformation de la société dans le sacerdoce royal, le prophétisme et le gouvernement des structures ecclésiastiques.

Au lendemain du concile Vatican II, a surgi l'éclosion des nouveaux mouvements ou Associations des fidèles pour des buts proprement apostoliques. Par ces structures, les laïcs deviennent de plus en plus conscients de leur responsabilité à servir le Christ et l'Eglise[3]. De nombreux mouvements et communautés ont vu le jour. Nous pouvons citer le Renouveau Charismatique, le Focolari, la communauté de béatitude, le néo-catéchuménat, la communauté de l'Emmanuel..., le mouvement saint Egidio...[4]. Les membres de ces mouvements comme d'autres laïcs en général réalisent un dynamisme et un leadership dans l'Eglise et la société.

Nous vivons il y a cinquante ans en plusieurs Pays Africains ce courant de grâce appelé Renouveau.

Ce courant venu après le concile Vatican II se répand dans le monde avec une efficacité et une dynamique très manifeste dans les communautés africaines. Nous sommes tous participants à des degrés divers comme des serviteurs de ce courant ; car l'esprit n'est jamais prisonnier d'une structure ou organisation quelconque. L'Esprit souffle où il veut quand il veut. Le Pape François le souligne clairement dans le rapport avec le Renouveau charismatique :

« Ce courant de grâce est pour toute l'Eglise pas seulement pour certains, et aucun d'entre nous n'est le maitre et tous les autres les serviteurs. Non, nous

[3] Apostolat de laïcs n® 1-2.

[4] Cfr. ***Ibid.***

sommes tous les serviteurs de ce courant de grâce. »[5]

Dans le cours de l'histoire en général et la marche de l'Eglise, nous voyons des chrétiens et même des non chrétiens réaliser au nom de leur conviction religieuse en Dieu, les actes semblables aux manifestations de la pentecôte en toute honnêteté et sincérité spirituelle. Nous citons : la conversion des âmes, l'entraide et fraternité, la fidélité aux engagements, la prière communautaire, les charismes de guérison et délivrance, la conviction personnelle d'engagement pour Dieu et pour la cause des faibles, la prise en charge de l'Eglise. La foi en Dieu, en Jésus-Christ est comme une motivation pour cet engagement. N'entreront dans le royaume de Dieu, n'entrent dans le royaume de Dieu que ceux qui font la volonté du père. Cette volonté est soulignée dans le discours inaugural du ministère de Jésus à Nazareth et en Galilée (Luc 4, 18-19) et les béatitudes (Math 5).

En effet, c'est dans ce processus de libération intégrale que le Christ a consacré l'essentiel de sa mission sur terre et qu'il a exhorté à tous ses disciples qui sont des chrétiens. Cette libération est intégrale car elle concerne tout homme et tout l'homme, les riches comme les pauvres, les oppresseurs tout comme les opprimés, l'esclave du péché comme celui de l'oppression et de l'exploitation de la personnehumaine.

Le Cardinal Ratzinger souligne combien l'esclavage du péché est au centre de toutes les formes d'aliénation et en appellent à la libération. La libération est avant tout et principalement la libération de cet esclavage radical du péché. ([6]) Monseigneur MUTEBA Fulgence renchérit en disant '' Sans nier l'impérative ouverture à la transcendance, la libération se veut un processus qui

---

[5] FRANCOIS, Allocution à la célébration de 50 ans du renouveau charismatique à ROME, 2017.

[6] J. RATZINGER et MESSOR, Entretien sur la foi, Paris, Fayard, 1985, p.213

affranchit l'être humain des conditions sociales, économiques, politiques et culturelles qui l'asservissent et le chosifient. Il s'agit de la libération des conditions sociales et historiques qui bafouent sa dignité et, par la même offensent le Dieu de Jésus-Christ''.([7])

Nous trouvons l'actualisation de l'héritage spirituel légué par la vie et le ministère de Jésus dans le témoignage observé à partir de la vie et de l'Apostolat des membres des communautés nouvelles dans l'Eglise catholique au sein du continent africain.

Aux approches de la célébration du cinquantenaire de l'existence de ces groupes et mouvements dans notre Pays, il importe de faire un examen de conscience pour repartir de nouveau en examinant le Leadership réalisé. C'est l'exercice dans lequel nous voulons nous engager. L'unique souci est de découvrir la pertinence, l'impact de ce Renouveau dans l'Eglise et la société en général.

Car ce Renouveau est l'œuvre de l'Esprit Saint par les dons et les charismes qu'il comble les bénéficiaires pour renouveler la face de la terre, édifier et sanctifier les membres à l'exemple des apôtres et disciples remplis de ce même Saint Esprit. Les membres de ce Renouveau comme tout autre chrétien sont appelés à réaliser et à perpétuer le Leadership inspiré par le Christ à travers son esprit et concrétisé dans les premières communautés chrétiennes.

Les bénéficiaires de communautés nouvelles reflètent souvent ce témoignage frappant de charité et de dynamisme grâce aux dons particuliers dont ils sont dotés. Les Pères conciliaires le soulignent en ces termes " le Saint

---

[7] F. MUTEBA. Entretien pour une pastorale de la libération, analyse et critique à partir du contexte africain, dans Repenser le salut chrétien en Afrique, Semaine Théologique de Kinshasa, F.C.K, Kinshasa, 2004,p.2

Esprit qui sanctifie le peuple de Dieu par les Sacrements et le ministère accorde en outre aux fidèles des dons particuliers, répartissant à chacun comme il l'entend pour que tous et chacun selon la grâce reçue se mettant au service des autres soient eux-mêmes comme des bons intendants de la grâce multiforme[8]. N'est-ce pas ici l'occasion de revivre l'expérience spirituelle des premières communautés chrétiennes en Afrique ?

Nous nous fixons pour objectif de porter une réflexion sur ses activités des fidèles laïcs pour refléter la vitalité de l'Eglise en Afrique à l'instar de l'Asie et l'Europe dans l'église primitive et différents charismes qui posent avec acuité la pertinence de la nouvelle évangélisation. C'est l'exigence de la nouvelle évangélisation que les membres sont appelés à réaliser que déjà Saint Paul VI encourageait ''il importe d'évangéliser non de façon décorative comme par un vernis superficiel, mais de façon vitale, en profondeur et jusque dans leurs racines, la culture et les cultures de l'homme'' ([9]) Nous devons ainsi encourager tous les efforts et les initiatives pour promouvoir la nouvelle évangélisation.

Les membres des communautés nouvelles semblent être conscients de cette dynamique consistant à tout mettre en œuvre pour réussir l'évangélisation dans le monde de notre temps. Il s'agit alors de mettre à profit la compétence, la probité morale, la force, le témoignage public de la foi. ([10]) Nous pouvons ajouter l'attention aux questions sociales et économiques et les témoignages dans tous les secteurs de la vie sociale.

Toutes ces réalités reflètent le leadership dans l'église et le monde et comme nous l'avons dit, méritent d'être réexaminées pour un approfondissement et une ouverture aux nouveaux problèmes et même aux

[8] 1 A n° 3.
[9] PAUL VI E.N. N°20
[10] A.A. N°4

défis qui peuvent être observés.

C'est la mission que nous nous assignons dans ce travail. Le but est de stimuler et susciter davantage les membres pris individuellement ou collectivement à ce travail de promotion de leadership dans l'Eglise et le monde par ces démarches d'une évangélisation en profondeur à l'exemple des frères et sœurs qui ont laissé un vibrant témoignage dans l'Eglise à travers plusieurs époques.

0. INTRODUCTION GENERALE

Dans le discours inaugural de Jésus-Christ le jour du sabbat, dans la synagogue est souligné la continuité de la mission prophétique d'Isaïe dans l'Eglise et la société en général. C'est la vocation à laquelle tout disciple du Christ est appelé.

''L'Esprit du Seigneur est sur moi parce qu'il m'a consacré par l'onction pour porter la bonne nouvelle aux pauvres. Il m'a envoyé annoncer aux captifs la délivrance et aux aveugles le retour à la vue, renvoyer en liberté les opprimés, proclamer une année de grâce du Seigneur. Aujourd'hui s'accomplit à vos yeux et vos oreilles ce passage de l'écriture (Luc4, 18-19, 21). Jésus a réalisé ce leadership sans appartenir à une couche sociale importante.

Au regard de l'influence du Christianisme dans la société, nous pouvons aussi affirmer qu'aujourd'hui s'accomplit à vos oreilles ce passage de l'écriture. Dans nos milieux au nom de la foi, les fils et les filles de nos contrées embrassent et demeurent attachés à la foi au christ qui imprègne leur vie. Certains vivent une vraie conversion et adhésion jusqu'à hériter le ciel à l'exemple des premiers chrétiens en Afrique du Nord du deuxième au quatrième siècle[11]. D'autres suivent les pas de ces pionniers en embrassant la vocation à la vie sacerdotale et religieuse. D'autres encore des Laïcs rendent des services énormes qui reflètent une maturation et une floraison des charismes pour l'édification de l'Eglise et la transformation de la société. Ils sont devenus ainsi des grands Leaders.

C'est la réalisation en Afrique noire non seulement de la prophétie de Joël mais aussi celle de Saint Paul VI lors de son passage à Kampala. Joël

---

[11] JEAN PAUL II, ***Ecclesia in Africa, su l'Eglise en Afrique et sa mission évangélisatrice vers l'an 2000***, Kinshasa, Médiaspaul, 1995, n°31, p. 34-35.

prophétisait : ''Je répandrai mon Esprit sur toute chair vos fils et vos filles prophétiseront, vos anciens auront des songes, vos jeunes gens des visions. Même sur les esclaves hommes et femmes, en ces jours-là, je répandrai mon esprit. Je produirai des signes dans le ciel et sur la terre'' (Joël 3, 1-3a). Ces merveilles de Dieu nous les expérimentons dans nos groupes de communautés nouvelles et anciennes et des chrétiens pris individuellement.

Ce fut dans le souci d'enraciner l'évangile dans les réalités que Saint Paul VI prophétisait en Afrique l'émergence des leaders missionnaires mais aussi des personnages charismatiques. ''Oui vous avez des valeurs humaines et des formes caractéristiques de culture qui peuvent s'élever à une perfection propre. Il faudra que votre âme africaine soit imprégnée profondément des charismes secrets du christianisme, afin que ceux-ci se répandent ensuite librement, en beauté et en sagesse, à la manière africaine '' ([12]). Ce que le Pape prophétisait nous le vivons parfois par le ministère des laïcs dans l'Eglise et le monde en notre temps.

Dans le commun de mortels le titre charismatique revêt souvent la connotation d'un Leader. Il parait parfois même comme une tautologie parler de leader charismatique. Si pour plusieurs être appelé charismatique est un titre de gloire pour d'autres est un motif d'inquiétude et d'angoisse car ce titre imprime une charge, un risque, une épreuve et même un martyre. Il s'agit des personnages qui au nom d'un idéal quelconque poursuivi, ont mené un combat au prix des sacrifices même sanglants. Marqués par un caractère critique, les personnages leaders ou charismatiques résistent à toutes les pratiques méchantes et destructives.

Y-a-t-il conflit ou complémentarité entre leader et charismatique dans

---

[12] Paul VI, cite par Benoit AWAZI MBAMBI, Panorama de Théologie- négro africaine contemporaine, Paris, L'harmattan, 2002, P. 26

l'Eglise ? Nous pensons plus au sens de complémentarité dans ce sens ou la vision et la vocation est la même. Encore faut-il que l'appellation charismatique mérite sa raison d'être dans le vécu des membres.

Cependant, il s'observe parfois une confusion et une opposition et ignorance dans la mise en pratique de la vocation au leadership parmi les chrétiens catholiques. Certains confondent le leader chrétien du leader politique. Ils se comportent comme des politiciens véreux. Parfois ceux qui sont censés être leaders et s'appellent ainsi ne le sont que des lettres, de titres, des titres auto attribués et ne le reflètent pas dans l'agir. Ceux qui devaient être de garde fous, des guetteurs grâce à leur identité ne le réalisent pas. Nous vivons ainsi une crise généralisée dans la société qui reflète une crise des leaders. Il n'y a plus de rigueur pour attribuer des titres des leaders. Notre présente étude porte sur la vocation de chrétiens au leadership dans le monde de notre temps. C'est une exhortation.

I. L'ESPRIT DU CHRIST FAIT DU CHRETIEN UN LEADER.

Le premier point traitera des généralités, nous nous efforcerons de comprendre l'objectif du travail à partir de l'étude de la nature de ce renouvellement de l'apostolat des laïcs et leur dimension charismatique et leadership dans l'église et le monde.

- Le deuxième portera sur le Leadership dans la société et sera focalisé sur l'explication et l'explicitation du leadership proprement dit dans l'apostolat des laïcs.
- Le troisième sera alors focalisé sur les défis observés dans la pratique du leadership et perspectives de solution.

Notre démarche méthodologique sera à la foisdescriptive et analytique.

Revenons à présent au premier point

I. GENERALITES

Dans ce premier point, nous nous efforcerons de comprendre suffisamment le thème à partir de la compréhension des composantes des acteurs et les attentes sur leur vocation. Nous traiterons alors successivement de l'identité chrétienne Leader-Leadership et lelien Eglise- monde.

I.a. IDENTITE CHRETIENNE

La tendance qui domine beaucoup de croyants est de s'attacher à de nouvelles appellations et dénominations, frère, sœur, … charismatique renouvelle… Ces titres poussent certains à oublier et même à négliger leur identité chrétienne. Notre identité et notre dignité c'est être chrétien.

En effet, être chrétien, c'est être en Christ, faire du Christ le principe de sa vie. Dans le Chrétien, l'Esprit Saint est l'hôte sacré qui poursuit en nous un secret travail d'incarnation mais pour le compte du fils de Dieu. L'expérience de la pentecôte montre la puissance du Saint Esprit. Les Apôtres ont été remplis du courage et ont annoncé la bonne nouvelle avec joie. Le chrétien renouvelé qui nait de nouveau à la vie de l'esprit est devenu le serviteur de l'Esprit Saint. L'effusion de l'esprit à l'instar des premiers chrétiens à la chambre haute provoque une véritable conversion et fait sortir l'homme de la torpeur et de la tiédeur (Eph4, 1-16). La première exigence d'un chrétien renouvelé est d'abord la conversion. Le Pape Jean Paul II disait on n'a jamais cessé d'être Chrétien.

C'est pourquoi la conversion constitue le premier objectif et l'objectif capital et fondamental d'un futur membre dans les communautés nouvelles. La conversion va toujours avec la sanctification'', le temps est accompli et le royaume est tout proche, repentez-vous et croyez à l'évangile'' (Marc1, 15). La conversion exige de repenser, de remettre en question son propre mode de vie et le monde de vie ordinaire. Il s'agit aussi de laisser entrer Dieu dans les critères de sa propre vie et ne plus juger uniquement selon les opinions courantes. Saint Paul VI renchérit en montrant combien la conversion est en lien avec l'inculturation. Pour lui, prêcher c'est s'efforcer ''d'atteindre et comme de bouleverser par la force de l'Evangile : les critères de jugements, les valeurs déterminantes, les points d'intérêts, les lignes de pensées, les sources inspiratrices et les modèles de l'humanité qui sont en contraste avec la parole de Dieu et le dessein du salut '' ([13]). Les frères et sœurs deviennent membres actifs quand ils agissent dans le monde comme sel de la terre et lumière du monde (Math 5).

Nous pensons que plus souvent notre vie connait des crises, nos groupes connaissent des crises puisque nous ne réalisons pas ces exigences de la conversion et de la sanctification. Les erreurs et déviations déplorées

---

[13] E.N. N°19

souvent dans ces groupes reflètent souvent la crise d'une bonne préparation dans les sacrements d'initiation et l'enseignement préparatoire à l'effusion dans l'Esprit ou autres rites dans les communautés nouvelles ainsi l'orgueil d'un certain élitisme ou angélisme.

Le cardinal OCONNOR attire l'attention sur l'orgueil de certains membres, ''contre la prétention injustifiée d'être éclairés et dirigés d'en haut, se sentir ainsi soustraits à toute autorité de cette terre, à celle de l'Eglise par une forte confiance en soi, qui empêche de se soumettre au ministère des hommes et aux sacrements par lesquels est conféré l'Esprit de Jésus''([14]). La grâce de Dieu agit à travers tout et surtout par des sacrements et autres voies. Dieu n'est pas prisonnier des médiations qu'il a établies. Les institutions elles-mêmes sont dans l'Eglise les porteurs privilégiés des charismes les plus précieux. Ne nous investissons pas en juges. Le père CANTALAMESA quant à lui interpelle vivement les membres contre la recherche des dons extraordinaires. ''La sanctification personnelle doit venir en premier et seulement alors en seconde place, l'expérience des charismes'' ([15]).

En effet, Moïse dans le buisson ardent, le prophète Isaïe dans le temple, Jésus dans l'inauguration de son ministère, Saint Paul avec l'expérience de Damas, Saint Augustin après la vision, l'expérience de la rencontre avec Dieu dans les communautés doit produire un changement en nous. Car ce n'est plus nous qui vivons mais Jésus et son Espritqui vit en nous.

La véritable conversion fait sortir l'homme de la peur, de la torpeur et de la tiédeur (Eph4, 14-16) pour réaliser ce que l'on attend d'un chrétien renouvelé. Impacter le monde par notre vie nouvelle dans l'esprit ; c'est- à-dire devenir un leader. Telle est la vocation du chrétien à la suite de son maître. Dans une vie simple, Jésus a réalisé le leadership : Hans KUNG le démontre

---

[14] Mgr O'CONNOR, Le Renouveau Charismatique, origines et perspectives, Paris, Beauchesne, 1975, P.151.

[15] CANTALAMESA, Baptême dans l'Esprit, Paris, Desclée de Brouwer, 1993, P.12

en ces termes :

« Pourtant, Jésus n'était pas un prêtre, mais un laïc, célibataire, ce qui surprenait et guide d'un mouvement de laïcs. Il n'était pas davantage un théologien qualifié et n'a construit ni théorie ni système. Il annonçait l'avenu imminente du Royaume de Dieu de manière non-savant, dans les mots de tous les jours, à l'aide d'images, de récits, de paraboles »[16]

I.b. LE LEADER ET LEADERSHIP

Dans le langage ordinaire le mot leader revêt plusieurs significations. Il peut signifier un personnage qui reflète un modèle, une référence dans la société. On le définit aussi comme un guide, un meneur, celui qui est doté des qualités importantes et des dons particuliers pour le groupe. Ces qualités exceptionnelles peuvent lui permettre d'influencer ou de motiver des décisions dans le groupe. Ces qualités peuvent aussi permettre de conduire les personnes et les organisations vers l'atteinte des objectifs qu'on s'est fixés. Le leader a la capacité de motiver, de conduire, d'influencer, d'impliquer, d'implorer et d'inspirer les autres.

Le leader répond aussi au profil d'un chef, d'un guide, d'un ministère. Son rôle est ainsi de gérer ce processus de changement par la rupture positive avec le passé. Il recherche des idées novatrices, même si cela en coute. Le leader crée la vision et propose une stratégie cohérente, pour peu que l'on y prête attention. Cette conception du leader est celle qui ressort des grands personnages bibliques qui peuvent ainsi servir de modèles, des paradigmes. Un bon leader ne cherche pas imiter les autres, mais reste un modèle pour les autres, grâce au talent, à la science et à l'expérience de sa vie. C'est aussi l'image ou l'idée qu'on peut se faire de tout chrétien renouvelé et surtout de tout celui qui a une responsabilité dans nos groupes au niveau communautaire,

---

[16] Hans KUNG, Vingt propositions d'être chrétiens, trad. André METZGER, Paris, Seuil, 1975, p. 28.

paroissial et même diocésain. Contrairement à toutes les autres formes et manifestations du leadership, celui-ci réalisé par le chrétien se fonde sur l'orientation donnée ou tracée par son fondateur le Christ à partir de ses paroles et ses exemples.

C'est cela qui se manifeste plus souvent dans le vécu des chrétiens au niveau des communautés nouvelles. Le leadership s'observe dans l'impact de l'action, dans la possibilité de changer et de transformer l'homme, la structure et la communauté. Cette conception doit être différente de la notion ordinaire du leadership dans le monde politique ou autre. Le leadership chrétien doit être compris dans le sens de service, si on veut rêver grand, faire grand et réussir grand pour Dieu.

Cependant, la majorité de ceux qui s'appellent leaders sont parfois spirituellement et psychologiquement instables « les jours ils sont à la messe, à la mosquée et le soir ils sont dans les loges, les temples ou les cimetières.[17] C'est le mélange de la foi chrétienne ou musulmane aux initiations traditionnelles africaines des puissances et des divinités maléfiques ainsi que des pratiques idolâtriques des fétichismes, ésotérisme, et occultisme. Ils n'ont pas suffisamment confiance aux protections des mouvements ordinaires de pratique religieuse. Ce sont malheureusement ces faux leaders qui laissent dans la conscience populaire mauvaise image du leadership, caractérisée parfois par le mensonge, la délation, la démagogie, l'affairisme, la traitrise, la corruption, les coups- bas, l'égoïsme, l'ingratitude, la méchanceté et le sadisme, l'hypocrisie religieuse tenant des beaux discours, mais agissant dans le sens diamétralement opposé[18]... Ces fléaux sont observés chez ceux qui se font passer pour leaders dans lemonde politique, économique, religieux et ecclésial.

Le leadership c'est la capacité pour une structure, une organisation, un

---

[17] OBRU Aman MOISE, L'engagement Chrétien en Politique, conférence tenue au 8ème congrès panafricains du RCC de l'Afrique francophone, Bujumbura, 2016, P.79

[18] Ibid., P.80

individu d'impulser un changement, d'influencer, de motiver et de rendre les hommes capables de favoriser une efficacité et même de drainer une masse. Le leadership crée une vision, un idéal, un objectif, un sens de direction, une orientation, un projet, un sens de direction, un avenir souhaité. La vision c'est l'image que nous d'un avenir réalisé vers lequel nous aimons nous orienter. Elle doit être précise, concise, conventionnelle de tous les membres. La vision est l'œuvre du saint esprit, qui nous est donnée dans la prière ou nous nous interrogeons « queveut l'esprit pour son église ? ».

Le propre du leadership dans les groupes c'est de créer ou d'inventer des leaders selon l'image du christ. Il ne faut donc pas se contenter de dire qu'on est charismatique, qu'on prie et c'est tout. Une prière vraie nous transforme en leader. Cette prière doit nous permettre d'avoir de l'influence autour de nous, dans notre entourage. La prière permet ainsi l'éveil de la conscience. La conscience humaine est interpellée par des graves injustices existant dans notre société en général, et à l'intérieur de l'Afrique en particulier.[19]

En effet, si le leader que nous produisons est seulement capable de proposer des visions, il reste un rêve. C'est la réalité déplorée dans nos structures. Nous avons beaucoup de plans d'actions, des initiatives, des résolutions que nous ne réalisons ni ne concrétisons pas. Le leadership consiste à concevoir, donner un corps dans un plan d'action, déterminer les buts à poursuivre et à réaliser, inventorier les ressources humaines, matérielles, financières etétablir la planification stratégique et l'évaluation.[20]

Le leadership dans nos institutions suppose et exige une conception, de l'initiative, de vision, des catalyseurs efficaces, des rassembleurs, bons

---

[19] BENOIT XVI, Africae Munus, n°23-24.

[20] SALUMU NDALIBANDU Nestor et Innocent MUKAMBILWA BABINGWA, Pour concevoir et conduire un projet pastoral dans l'Eglise famille de Dieu, Kigali, Palloti Presse, 2018, P. 50-56

animateurs et meneurs d'homme. Pour réaliser ou atteindre ce profil, il faut une base solide de spiritualité, et de l'organisation et de moralité.

I.c. LIEN EGLISE ET MONDE

L'originalité du concile Vatican II, fut l'ouverture de l'église au monde, le lien entre l'Eglise et le monde. Dans la constitution pastorale « Gaudium et Spes ». L'Eglise dans le monde de ce temps, le premier paragraphe reflète l'objectif et surtout la finalité : '' les joies et les espoirs, les tristesses et les angoisses des hommes de ce temps, des pauvres surtout et tous ceux qui souffrent sont aussi les joies et les espoirs, les tristesses et les angoisses des disciples du christ. Il n'est rien de vraiment humain qui ne trouve écho dans leur cœur '' ([21]). C'est dans le monde de ce temps que les chrétiens sont appelés à vivre leur identité, à témoigner de leur appartenance au christ. Nous ne recevons pas Dieu, son Esprit pour rester enfermés dans l'église, chanter les louanges, prier. C'est pour sortir, aller dans le monde entier et transformer le monde et la société en général. Etre esprit d'une sensibilité argue face à tous ceux qui souffrent.

Nous devons continuellement éviter une spiritualité désincarnée. C'est le reproche fait le plus souvent aux charismatiques et membres de communautés nouvelles de vivre l'exubérance coupés des vraies réalités de la vie quotidienne. La danse et la musique un élément culturel qui nous emportent et nous empêchent parfois de porter une attention aux problèmes réels. On nous reproche d'être des chrétiens d'enthousiasme, ivres de toutes chaleurs mystiques sans ouverture et attention aux problèmes. C'est la dérive hystérique qui fait perdre aux chrétiens la capacité d'assumer leur responsabilité civique et les exigences de transformation politique dans la société. Jésus rempli de l'Esprit a déclaré que l'esprit l'a envoyé libérer les captifs et il l'a réalisé en affrontant les autorités politiques et religieuses de son

[21] G.S. n°01

temps. Les Apôtres et disciples ont rompu avec la peur en quittant la chambre haute. Dans les altercations avec les autorités, Pierre déclara tout haut mieux vaut obéir à Dieu plutôt qu'aux hommes". (Ac. 5, 29).

Nous estimons que nous ne pouvons pas nous dire chrétiens renouvelés, nous laisser appeler charismatiques, focolari et néo-catéchumènes et demeurer insensibles aux cris de détresses de nos frères et sœurs. Cette interpellation de Jésus peut alors s'appliquer lorsqu'il disait ce ne sont pas ceux qui appellent Seigneur, seigneur qui entreront dans le royaume des cieux, mais ceux qui font la volonté de mon père. Les textes privilégiés de la volonté de son père sont les béatitudes et le discours eschatologique de Matt 25.

La maladie qui ronge notre église et affecte même nombreux de ces membres est la tendance ecclésiocentriste et trop statique dans les pratiques traditionnelles ; la messe, le chapelet et autres formes de dévotion. Les fidèles et les habitants qui ne trouvent pas de solutions à ces pratiques ordinaires, cherchent des solutions à leurs problèmes de vie ailleurs dans les sectes, chez les politiciens, les féticheurs, ... La tendance demeure celle de statuquo, d'attentisme. Mgr Fulgence déplore ce comportement en ces termes : " les changements de contexte ne semblent pas pousser à sortir des oripeaux des schémas classiques. De même les appels du terrain et les attentes des baptisés restent sans réponses pastorales adéquates ainsi, on voit une Eglise qui danse perpétuellement dans un monde qui pleure, une Eglise tranquille dans une société volcanique ‘‘ ([22]).

En effet, combien des chrétiens ne chantent-ils pas louange à Dieu pendant que leurs frères et sœurs sont opprimés, marginalisés, exploités sans se sentir interpellés et militer ainsi pour leur libération. C'est pourquoi le Pape François exhorte les pasteurs et les fidèles à rester constamment éveillés et attentifs aux signes de temps. C'est l'approche de l'Eglise en sortie. Le

---

[22] F. MUTEBA, Entretien pour une pastorale de libération... art. cit. P.232.

Leadership consiste dans cette dynamique de vision, de créativité, d'innovation.

L'Esprit que nous recevons c'est l'Esprit de renouvèlement, de transformation. Là où il y a inertie, sommeil, il n'y a pas l'Esprit et tout ce que touche l'Esprit devient jeune. Nous chantons le plus souvent' 'ô Seigneur envoie ton Esprit qui renouvelle la face de la terre''. Chaque responsable ferait cette chanson ô Seigneur envoie ton Esprit qui renouvelle la face de la cellule, du groupe, des habitants de Butembo, des chrétiens de Kindu. N'est-ce-pas une raison de plus de voir dans les communautés, groupe ou mouvement non pas un groupe, une structure trop administrative de règles, de principes établis mais un courant de grâce qui travaille de l'intérieur. « Parfois des grandes structures nous emprisonnent, nous étouffent et nous empêchent d'ouvrir les yeux sur les problèmes réels de notre temps. »

Les groupes et mouvements de communauté nouvelle constituent des structures qui répondent à ce défi causé à l'Eglise par la promotion des charismes et ministères de laïcs. Nous devons éviter d'emprisonner l'Esprit dans ces pratiques ordinaires ; laissons-nous guider par l'Esprit pour découvrir d'autres défis qui nécessiteront toujours d'autres charismes et ministères dans ce monde en mutation. C'est ici qu'intervient la nécessité du recueillement, du silence.

II. LE LEADERSHIP DU RENOUVEAU DANS L'APOSTOLAT DES LAICS.

Nous portons dans ce point un regard sur le leadership dans l'Eglise et le monde à partir de l'exercice des dons et charismes. Nous commencerons par l'apostolat dans l'Eglise pour terminer avec l'apostolat dans le monde.

II.1. Dans l'Eglise

En observant le vécu des membres des différents mouvements dans l'Eglise, nous trouvons des témoignages très édifiants. Nous répertorions d'abord la promotion des ministères de laïcs et leur engagement ferme pour la vitalité de l'Eglise au niveau paroissial et communautaire. Plusieurs assument et exercent les ministères et participent aux grandes décisions sur ces structures dans lesdifférents Conseils.

Ils s'impliquent beaucoup à des activités de grande importance. On observe ainsi une réappropriation manifeste de la vie de l'Eglise. Ils mettent à profit leurs dons et charismes pour la vie de l'Eglise. Ils constituent un grand soutien pour l'action pastorale de l'Eglise.

Cet engagement est aussi observé dans l'accompagnement des personnes pour la maturation de la foi et surtout sur la mentalisation de la foi catholique par la pratique des sacrements mais aussi la préparation des autres aux sacrements d'initiation chrétienne et au mariage. Nombreux parmi les membres de communautés nouvelles sont des catéchistes dans nos paroisses. Ils encouragent même plusieurs à embrasser la foi catholique et à régulariser leurs situations matrimoniales et religieuses dans les paroisses. Au Maniema le sacrement de mariage est fréquenté grâce à l'apostolat chrétien des charismatiques, des communautés famille chrétienne, de Libala mwinda.

Nous trouvons aussi un engagement pour la conversion et la sanctification des membres conformément aux objectifs de la conversion et la sanctification. Les conversions multiples s'opèrent dans l'Eglise grâce au dynamisme du groupe. Nous pouvons citer le souci de ramener les païens, les musulmans, les animistes et les délinquants au Christ. Nous avons aussi la reconversion des apostats, des renégats, des concubins, des divorcés et le retour des catholiques dans l'Eglise ainsi que l'adhésion des protestants à l'Eglise grâce aux efforts des membres des communautés nouvelles. Les membres sont aussi dévoués et engagés en vue de faire face à l'indifférence religieuse et l'athéisme pratique. C'est une attitude de la vie consistant à reconnaitre en théorie l'existence de Dieu, tout en vivantcomme s'il n'existait pas'' ([23]).

Certains membres sont aussi bien dévoués dans la piété personnelle spontanée ainsi que les exercices spirituels de dévotion communautaire comme le chapelet, l'oraison, l'adoration, le chemin de croix et des dévotions privées. Ces exercices maintiennent et soutiennent la vitalité de l'Eglise grâce à l'engagement surtout des laïcs. La dévotion mariale qui était suspectée au début par plusieurs est devenue vraiment une actualité dans la vie des membres. Nous trouvons aussi une collaboration et responsabilité entre les responsables dans les communautés.

Les difficultés n'ont pas manqué d'être observées au début comme de nos jours face à l'incompréhension départ et d'autres. Il s'observe le plus souvent l'unité fondamentale et essentielle entre les dons hiérarchiques et les dons charismatiques qui est aussi souvent même source des conflits. La position des Pères conciliaires à ce sujet est claire : ''l'Esprit édifie et dirige l'Eglise par des dons hiérarchiques et charismatiques ([24]). Ces mêmes pères de renchérir l'unité mystérieuse de la communion ecclésiale est réalisée par l'Esprit Saint au moyen de deux types des dons concédés simultanément et constamment les dons hiérarchiques et les dons charismatiques ne devait

[23] CENCO, Directoire sur la nouvelle Evangélisation et la catéchèse dans la perspective de l'Eglise famille de Dieu, Kinshasa, Secrétariat de la CENCO, 2001, P.91-92.
[24] L.G n°4

opposer ni dogmatiquement ni du point de vue ecclésiologique ministère et charisme ([25]). Car poursuit L. GEROSA ''si pareille vérité dogmatique empêche d'une part d'opposer le charisme au ministère et donc de réduire unilatéralement l'Eglise à une communauté purement charismatique, elle empêche également d'autre part de réduire tout aussi unilatéralement le mystère de l'Eglise à une structure pyramidale axée sur la hiérarchie'' ([26]).

Ce danger persiste dans certaines circonstances où les laïcs conscients de leurs charismes considèrent mal l'intervention de la hiérarchie, se sentant soustraits à toute autorité de cette terre ou d'autre part la hiérarchie dotée de pouvoir éprouve difficile se mettre à l'écoute des Laïcs. C'est le défi qui bloque l'épanouissement du leadership, le conflit entre charismes et pouvoir. Nous trouvons aussi la manifestation de charismes particuliers chez certains membres qui n'hésitent pas à prendre part au nom de leur foi et conviction religieuse solide et prophétique, pour défendre le groupe, ou l'Eglise catholique face à une menace qui pèse sur sa vitalité et son évolution. "Les prêtres ont à reconnaitre sincèrement et à faire progresser la dignité des laïcs et leur rôle propre dans la mission de l'Eglise (…) ils sauront découvrir et discerner dans la foi les charismes des laïcs sous toutes leurs formes ([27]).

L'histoire nous témoigne combien la bienheureuse Hélène GUERRA pressa le Pape Léon XIII à travers douze lettres confidentielles en vue d'admettre un renouveau de la prédication sur l'Esprit. Nous avons aussi l'expérience originaire de 30 étudiants de l'Université Notre dame de Duquesne aux USA qui devant le Saint sacrement ont bénéficié de l'effusion de l'Esprit Saint pour l'étendre et la faire bénéficier à une multitude. Catherine de Sienne par sa piété et son courage persuada le pape à quitter AVIGNON pour le siège pétrinien à Rome.

---

(22)[25] Ibidem

(23)[26] L. GEROSA cité par Innocent NYIRINDEKWA … Op. cit., P. 39.

[27] P.O. n 9.

Les exemples sont nombreux dans nos Diocèses et paroisses, des jeunes filles, jeunes garçons et adultes qui au nom de leur foi affrontent les problèmes qui secouent l'Eglise et le groupe dans nos Diocèses. Si nous avons des exorcistes anciens et nouveaux à Goma, Bukavu, Kindu, Butembo c'est sur demande incessante des membres du Renouveau sentant ce besoin et brisant avec la peur sur la considération mythique et mystificatrice de ce ministère. "Ce moindre investissement (dans les phénomènes culturels et coutumiers, de la sorcellerie, du fétichisme, de la divination, de l'envoutement...) semble être dû à une certaine considération péjorative et mystiques de ces croyances des peuples et à la mystification du ministère d'exorcisme" ([28]). L'exercice des dons et charismes sont utiles et pertinents non seulement pour l'Eglise mais la société tout-entière.

Par ailleurs, on observe aussi chez des nombreux laïcs la peur de s'engager dans l'Eglise la considérant comme propriété exclusive du clergé. Ceci est dû soit au manque de formation, soit à l'absence de motivation de la part de leurs Pasteurs.[29] Le très saint père stigmatise ce défi en ces termes : ''Mais la prise de conscience de cette responsabilité de laïc qui naît du baptême et de la confirmation ne se manifeste pas de la même façon chez tous. Dans certains cas parce qu'ils ne sont pas permis pour assurer des responsabilités importantes dans d'autres cas pour n'avoir pas trouvé d'espaces dans leurs Eglises particulières afin de pouvoir s'exprimer et agir, à cause d'un cléricalisme excessif qui les maintient en marge des décisions évangéliques".[30]

II.2. Dans le monde

Dans l'histoire de l'humanité, l'appellation leader ou leadership a

---

[28] N. SALUMU NDALIBANDU, *Les prières d'exorcisme et de guérison dans l'Eglise catholique en Afrique.* ***Lecture théologique et pastorale***, Paris, L'Harmattan, 2017, p. 22.

(28)[29] FRANCOIS E.G, N°102

[30] Idem

toujours eu pour signification la référence au personnage dénommé charismatique. C'est-à-dire celui qui est pourvu ou doté d'un charisme ou d'un don particulier, exceptionnel hors du commun de mortels. Ce sont ceux qui ont marqué le monde, la communauté ou la société par un don particulier, charisme. Jésus a souvent été considéré comme un grand personnage charismatique.

En effet, observant la marche des communautés nouvelles au lendemain du concile Vatican II et surtout de mouvement ou le courant de grâce dans le Renouveau Charismatique Catholique et autres mouvements ou groupes, il y a lieu de témoigner la réalisation du leadership. L'action menée par les leaders dans ce Renouveau a de l'impact non seulement dans l'Eglise mais aussi et surtout dansle monde.

Les activités menées par les membres au nom de leur foi ou de leur appartenance dans le groupe et dans l'Eglise sont bénéfiques non seulement pour eux mais surtoutpour la société tout entière.

Les membres mettent à profit leurs charismes pour se mettre au service des hommes dans la société. Nous trouvons d'abord l'imitation du Christ dans son option préférentielle pour les pauvres, les malades, les déshérités, les souffrants...par le ministère du social au niveau diocésain, paroissial et communautaire. Ils assistent ces personnes en vivres et en non vivres.

Ce geste de générosité souvent négligé est la mise en application de l'enseignement de Jésus (Math 25, 31-46) et la prophétie d'Isaïe (58, 6-7). ''N'est-ce-pas plutôt ceci, le jeûne que je préfère de défaire les chaines injustes, délier les liens du sang, renvoyer libres les opprimés et briser tous les jougs, n'est-ce-pas partager ton pain avec l'affamé, héberger chez toi les pauvres sans abri, si tu vois un homme nu, le vêtir, ne pas te dérober devant celui qui est ta propre chair (Isaïe 58, 6-7). Jésus renchérit « en vérité je vous le dis, dans la mesure où vous l'avez fait à l'un de ces plus petits de mes frères, c'est à moi que vous l'avez fait, en vérité je vous le dis dans la mesure où vous ne l'avez pas fait à l'un de ces plus petits, à moi non plus vous ne l'avez pas fait »(Math 25, 40 ; 45).

Dans le ministère du social du Renouveau charismatique à kindu se trouvent des témoignages d'exemples de services exercés par les membres. Il s'agit de :

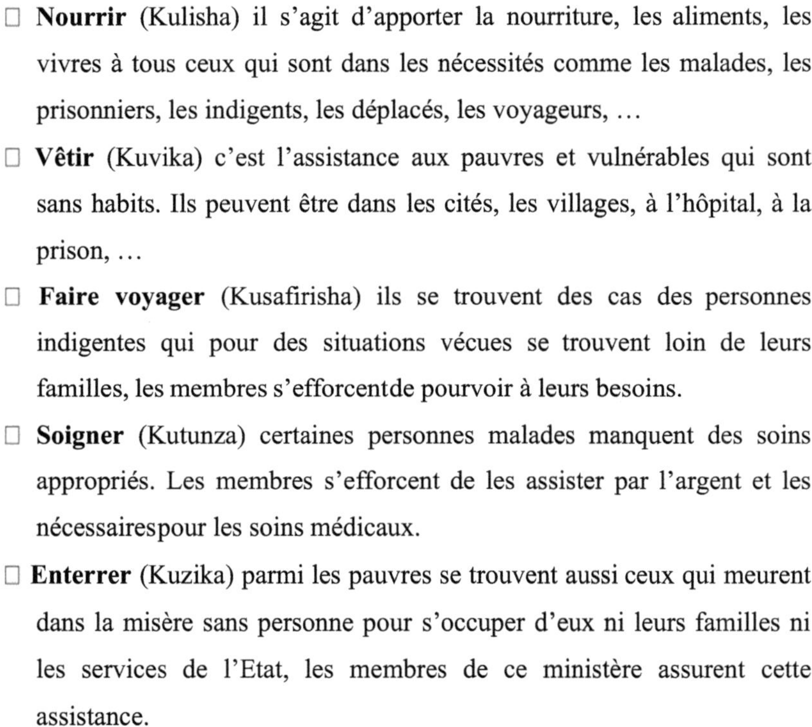

- **Nourrir** (Kulisha) il s'agit d'apporter la nourriture, les aliments, les vivres à tous ceux qui sont dans les nécessités comme les malades, les prisonniers, les indigents, les déplacés, les voyageurs, …
- **Vêtir** (Kuvika) c'est l'assistance aux pauvres et vulnérables qui sont sans habits. Ils peuvent être dans les cités, les villages, à l'hôpital, à la prison, …
- **Faire voyager** (Kusafirisha) ils se trouvent des cas des personnes indigentes qui pour des situations vécues se trouvent loin de leurs familles, les membres s'efforcentde pourvoir à leurs besoins.
- **Soigner** (Kutunza) certaines personnes malades manquent des soins appropriés. Les membres s'efforcent de les assister par l'argent et les nécessairespour les soins médicaux.
- **Enterrer** (Kuzika) parmi les pauvres se trouvent aussi ceux qui meurent dans la misère sans personne pour s'occuper d'eux ni leurs familles ni les services de l'Etat, les membres de ce ministère assurent cette assistance.

Ces quelques services reflètent la manière visible par laquelle ces membres vivent la miséricorde et la justice de Dieu '' mais la justice de Dieu se manifeste d'ores et déjà là où les pauvres sont consolés et admis au festin de la vie `` ([31]).

[31] Africae Munus N°26

A ces gestes de fraternité et de consolation s'ajoute aussi l'attention envers les étrangers, les visiteurs par les gestes concrets de générosité et d'hospitalité. Telle a été l'exhortation du Pape Benoit XVI pour l'Eglise en Afrique '' selon la logique des Béatitudes, une attention préférentielle doit être portée au pauvre, à l'affamé, au malade par exemple du SIDA, de la Tuberculose ou du paludisme, à l'humilié, au prisonnier, au migrant méprisé, au réfugié ou audéplacé. ([32])

Pour sa part, le Pape François n'hésite pas à qualifier des êtres Saints ceux qui vivent ces exigences de charité et de miséricorde.

''Donc être Saint ne signifie pas avoir le regard figé dans une prétendue extase ([33]). Saint Jean-Paul II disait que si nous sommes vraiment repartis de la contemplation du Christ, nous devons savoir le découvrir surtout dans le visage de ceux auxquels il a voulu lui-même s'identifier ([34]). C'est poursuit-il ''dans cet appel à le reconnaitre dans les pauvres et les souffrants que se révèlent le cœur même du christ, ses sentiments et ses choix le plus profonds auxquels tout Saint essaie de se conformer'' ([35]). Nous voyons ici souligner la pertinence de vivre réellement et correctement la charité pour bénéficier de la Sainteté de Dieu comme le souligne Saint Jean ''n'aimons ni de mots ni de langue, mais en actes et en vérité'' (1Jn3, 18). Le Pape François renchérit en disant '' le Seigneur nous a précisé que la Sainteté ne peut pas être comprise ni être vécue en dehors de ces exigences par ce que la miséricorde est le cœur battant de l'Evangile''[36]

Plus souvent, les membres des communautés nouvelles ne comprennent pas la grandeur de ce ministère qu'ils tenteraient parfois à négliger et le laisser aux femmes. Plusieurs cherchent souvent le ministère de l'évangélisation, de

---

[32] Ibid, n°27

[33] FRANCOIS G. N°96

[34] JEAN PAUL II, Novo millenio ineunte n°49

[35] Ibidem n°49

[36] FRANCOIS G.E N°97

l'intercession et de louange qui les rendent plus visibles que ceux de la charité qui sont le social et l'accueil. Certains dans les grands centres posent parfois des œuvres du développement dans le cadre de ce ministère du social comme élevage, cultures, …

En effet, un autre ministère de charité par lequel les membres réalisent un leadership dans l'Eglise est celui des prières d'intersession pour les guérisons et les délivrances. Depuis l'origine du Renouveau dans le monde, les charismes des guérisons et de délivrance ont été donnés et expérimentés dans les groupes des prières. Ces charismes sont vécus et interprétés comme la manifestation de Dieu et la confirmation de l'action de l'Esprit Saint dans le contexte de l'évangélisation. C'est toujours dans le cadre de l'actualité des charismes, affirmée et soutenue par le concile Vatican II et enracinée dans la tradition biblique ([37]).

Le grand avantage pour ce Renouveau est de valoriser l'exercice des dons et charismes pour les guérisons et délivrance longtemps tombé en désuétude et relégué dans l'oubli total dans un temps ou les lumières du XVIIIe s et la démythisation bultmantienne ont éliminé du christianisme les miracles physiques, les interventions de la puissance de la vie. Les membres témoignent expérimenter cette puissance et connaitre des interventions sensibles de Dieu ([38]).

Nous observons dans nos groupes des expériences similaires à celles des premières communautés par des séances des prières et des guérisons et de délivrance organisée pour les personnes dans les paroisses et même dans les espaces publics à partir de certains personnages charismatiques (Prêtres, Religieux, Religieuses, Laïcs…). Les personnes sont guéries et délivrées et n'hésitent pas de témoigner. Le défi observé dans ce ministère est le manque d'attention à l'activité évangélisatrice en général et le salut intégral.

---

[37] L.G. 12, AA3; A.G, 28, L.G 4, 7, 3a

[38] Idem

Nous comprenons ainsi que le Renouveau dans l'église Catholique n'est pas un retour aux sources mais une remontée de la source et de la scène dans notre présent. La mise à profit des dons et charismes pour l'accompagnement des malades, des traumatisés, des possédés d'esprit mauvais, des situations désastreuses par ce ministère d'accompagnement, de compagnon et de l'intercession crédibilise l'Eglise Catholique dans la société. Les signes de manifestation de guérison et de délivrance sont presque les mêmes partout dans bien des cas, la personne reçoit une grâce de mort du vieil l'homme et de résurrection. Il faut la découverte de son péché et souvent guérison intérieure et même physique. Parfois délivrance se traduisant le plus souvent par une agitation, des tremblements et des pleurs[39]. Les facultés sont comme mises au repos et cependant pas le moins du monde endormies, l'homme intérieur est en effet tout à fait éveillé clairement conscient de tout ce qui passe autour de lui. Le laïc assure le ministère souvent réservé au clergé. 'Dans plusieurs circonstances, des laïcs assurent des ministères d'écoute et d'accompagnement spirituel jadis réservés aux seuls prêtres'' ([40]).

Ce ministère dans la cité et la société en général soulage les personnes et crédibilise davantage notre Eglise Catholique nonobstant quelques écueils d'incompréhension du ministère et des déviations de certains membres non suffisamment instruits. Ce ministère favorise aussi la réinsertion sociale des personnes à l'église, la conversion et la réconciliation communautaire en Afrique.

Le leadership réalisé par les membres du Renouveau dans l'exercice de ce ministère permet à d'autres communautés religieuses de l'appliquer. Certains prêtres remettent en valeur la place de l'intercession pour les

---

[39] N. SALUMU NDALIBANDU, ***Les prières d'intercession et l'accompagnement spirituel en Afrique***, Mauriciens, Croix du salut, 2018, p. 50.

[40] Benoit AWAZI MBAMI, ***Déconstruction phénoménologique et théologique de la modernité occidentale, Michel Henry, Von Balthasar et Jean Luc Marion, Paris, L'harmattan, 2015, P.159.***

personnes. Ceux qui le font, sont souvent taxés de charismatiques même s'ils ne le sont comme membres.

Par ailleurs, les problèmes rencontrés sur terrain en rapport avec la crainte de la sorcellerie, du fétichisme et le besoin croissant chez les fidèles d'être accompagnés nécessitent l'engagement des fidèles et de prêtres dans ce domaine. Benoit AWAZI partage le même point de vue en ces termes : '' l'avenir du christianisme en Afrique postcoloniale va se jouer à court terme sur la capacité des Eglises et théologiens africains à gérer ces problèmes de la sorcellerie et de la possession par les Esprits de façon responsable sans les fuir ni les contourner au nom de l'idéologie rationaliste et coloniale du primitivisme des cultures et mentalités mystico magiques qui persistent en Afrique. ([41])

Nous sommes appelés à gérer les problèmes rencontrés en Afrique en tant qu'Africains. Bien souvent l'échec ou la difficulté de l'évangélisation en notre temps réside aux tendances de rester prisonniers des méthodes classiques de l'Evangélisation missionnaire pour traiter des nouveaux problèmes qui surgissent en notre temps.

Certains ministres formés dans ce schéma classique comprennent mal l'attention des ministres ordonnés et laïcs s'engager dans ces ministères de prière de guérison et de délivrance. Ils étouffent même ce ministère au nom d'une certaine conception de la perfection et une mystification et dramatisation de ces charismes comme aussi du démon. C'est comme disait un penseur, « la perfection recherchée dans le Renouveau et d'autres intercesseurs ou exorcistes ne se trouve nulle part ailleurs dans l'Eglise chez des nombreux ministres qui exercent à leur tour d'autres ministres fruits de dons et charismes. Nous pouvons citer le ministère de la parole, de présidence ou

---

[41] Benoit AWAZI MBAMBI KUNGWA, ***Le Dieu Crucifié en Afrique Esquisse d'une christologie négro-Africaine de la libération holistique***, L'Harmattan, Paris, 2008, p.178.

gouvernement de l'église, de conseil… »[42]

L'exercice de ces ministères démontre le lien intrinsèque réalisé par les membres entre évangélisation et promotion humaine. Nous sommes conscients du grand leadership réalisé par l'Eglise dans le Renouveau Charismatique à partir de Vatican II dans le ministère de l'évangélisation, l'assistance sociale, la prière et laresponsabilisation des laïcs.

Nous devons approfondir cette dynamique en réexaminant ce qui se fait pour un approfondissement davantage et une réactualisation dans le processus de l'inculturation. Elle se comprend ainsi comme ''une intime transformation des authentiques valeurs culturelles par l'intégration dans le christianisme ainsi quel'enracinement du christianisme dans diverses cultures'' ([43]).

Nous nous rendons ainsi compte combien les membres des communautés nouvelles promeuvent l'inculturation dans le respect de la christianisation des valeurs morales africaines. Il s'agit ici de la vie, la solidarité, l'hospitalité, la fraternité qui sont une préparation providentielle au message de la révélation…Pour Benoit AWAZI "l'inculturation véritable doit donc outiller et préparer les chrétiens Africains à être eux-mêmes les principaux acteurs de leur libération holistique et de tous les esclavages internes et externes qui les paralysent, accentuent et aggravent la paupérisation" ([44])

Les fidèles des communautés nouvelles sont aussi dans la dynamique de la nouvelle évangélisation quand ils recherchent une conversion personnelle et l'inventivité des méthodes d'évangélisation et surtout à rester attentifs aux signes de temps. Ces méthodes permettent aux chrétiens de jouir de la beauté,

---

[42] L. GEROSA cité par Innocent NYIRINDEKWA … Op. cit., P. 39.

[43] CENCO, ***Défis pastoraux au seuil du XXIe Les Evêques de l'Eglise-famille de Dieu en République Démocratique du Congo en visite ad. Limima Apostoorum à Rome du 15 Janvier au 14 premier 2006***, Ed. Secrétariat Général de la CENCO, Kinshasa Gombe, 2006, p.6.

[44] B. AWAZI MBAMBI KUNGWA, ***Panorama des théologies négro-africaines anglophones***, Paris, L'Harmattan, 2008, p. 81.

de la bonté et de la nouveauté de la rencontre personnelle avec le christ. C'est l'évangélisation centrée sur les personnes concrètes, avec le souci de ranimer l'enthousiasme de l'appartenance au Christ comme le souligne le Pape Benoit XVI. Les Chrétiens dans la nouvelle évangélisation sont appelés à vivre au niveau personnel, familial, social, la bonne nouvelle et à l'annoncer avec un zèle renouvelé aux personnes proches et lointaines en employant pour sa diffusion les nouvelles méthodes que la providence divine met à notre disposition ([45]).

Il ressort de ce texte le besoin constant de réadaptation par la démarche de l'inventivité, de créativité et de renouvellement comme œuvre de l'Esprit.

C'est le besoin imminent de rester constamment éveillé aux signes de temps, Saint Jean Paul II disait « On n'a jamais fini d'être chrétien » Benoit XVI le complète en disant : « On n'est jamais chrétien tout seul ».

Le Pape François semble encourager cette pastorale sociale dans l'Eglise et dans le monde par sa sollicitude pastorale pour les pauvres. Pour le Saint père ''chaque chrétien et chaque communauté sont appelés à être instruments de Dieu pour la libération et la promotion des personnes de manière à ce qu'ils puissent s'intégrer pleinement dans la société. Ceci suppose que nous soyons dociles et attentifs à écouter le cri du pauvre et à le secourir ([46]).

Bien plus, le très saint père milite beaucoup pour la conversion pastorale et missionnaire avec un accent particulier sur ''l'Eglise en sortie'', dans la périphérie, pour palper des doigts la réalité et sentir l'odeur des ouailles. Une attention particulière est aussi accordée par lui sur la prière d'intercession. Il la comprend comme ''du levain au sein de la trinité "ou il la définit encore comme ''la manifestation avec la plus grande clarté de sa puissance (de Dieu) de son amour et de sa loyauté au sein de son peuple" ([47]).

---

[45] BENOIT XVI, Africae Munus, N°171

[46] FRANCOIS, E.G n° 187

[47] Ibid. n°283.

Pour ce faire, une responsabilité nous incombe d'examiner toujours comment l'Esprit Saint travaille dans les membres pour le renouvellement de nous-mêmes, desinstitutions et de la société.

Il importe de ne pas défigurer ce courant de grâce ni le réfigurer à ses propres goûts. Tels sont les dangers imminents qui guettent les membres. Nous devons alors porter aussi une attention aux défis observés pour la conservation de cette perle, ce trésor.

III. DEFIS ET PERSPECTIVES DES SOLUTIONS

Le Renouveau dans les communautés nouvelles existe parce que le Saint Esprit veut faire quelque chose de nouveau, de différent dans l'Eglise et dans le monde. Si en Europe le Renouveau Charismatique et d'autres communautés nouvelles sont engagés dans les paroisses et l'œcuménisme, en Amérique, il est dans les services des pauvres, l'évangélisation, le rapport foi et politique, en Afrique le Renouveau s'intéressera aussi aux nouveaux problèmes rencontrés aux traditions et coutumes et autres défis de la nouvelle Evangélisation. Ceci ne peut être possible que si nous retournons à la source de tout, la liberté de l'Esprit, l'ouverture à lui et l'apostolat sous la responsabilité de la hiérarchie de l'Eglise.

Cette expérience nous ouvrira à d'autres perspectives de réappropriation personnelle, de refuser l'influence négative du monde et de s'engager pour la libération intégrale. De ce fait, fidèle à l'Esprit du fondateur qui est le Christ, de la spiritualité du groupe dans le respect des objectifs et attentifs au vécu quotidien, nous porterons l'étude sur les défis ci-après : nous partirons d'abord du défi lié à la monotonie et la mondanité dans l'administration excessive. Nous aborderons par la suite le défi lié à la réappropriation personnelle de la dynamique du leadership. Après nous viserons le défi lié à l'appartenance à l'Eglise notre mère nourricière et nous présenterons le défi qui porte sur l'engagement sociopolitique selon l'exhortation lancée par nos pasteurs. Chaque présentation des défis sera suivie par de perspectives de solution.

III.1.Défis de la monotonie et de collaboration

La question que nous devons continuellement nous poser après quelques années dans le Renouveau est celle de savoir notre impact comme facteur de changement ou de mobilisation des membres. En quoi j'ai été utile dans le groupe ? De mon engagement dans le groupe quelle a été mon utilité dans l'Eglise et dans la société ? Comment s'est concrétisée ma vocation pour l'édification de l'Eglise et le changement dans le monde ?

Ces questions concernent tout membre bénéficiaire de l'effusion et qui est doté des dons et charismes. En quoi le groupe profite-t-il de mon engagement ? A plus forte raison le responsable tant au niveau communautaire, paroissial que diocésain est doté d'une grande responsabilité dans le ministère qu'il exerce.

C'est ici où se trouve le grave danger de monotonie, de statut quo, de répétitivité sans nouveauté ni émergence. Est appelé leader tout chrétien qui prend conscience d'avoir reçu ou de pouvoir recevoir des dons de l'Esprit Saint pour le service de Dieu et de ses frères. Les charismes ne doivent pas être restreints aux charismes extraordinaires. Le plus grand don de l'Esprit est celui de l'amour.

En effet, comme le souligne Saint Paul, l'Esprit nous fait vivre selon la vérité et la charité pour grandir dans le Christ, après avoir évité de nous laisser balloter par toute sorte de doctrines étrangères (Eph 4, 14-15). Le chrétien renouvelé expérimente une irruption soudaine de l'Esprit. Ce dernier provoque une conversion et le fait sortir de la peur, de la torpeur et de la tiédeur. Il vit désormais l'expérience d'intense libération, de la transformation du cœur et un renouveau de la foi. L'Esprit Saint devient pour lui une onction intérieure et une force qui donne enthousiasme et dynamisme au service du règne de Dieu. L'effusion a toujours été perçue comme étant une grâce destinée à toute l'Eglise et le monde. Cette effusion nous le recevons depuis le baptême.

Dans la plupart des cas, des cérémonies d'intégration des nouveaux membres, des paroisses et des Diocèses organisent régulièrement parfois enseignements, des effusions, mais on ne remarque pas l'impact par les comportements des membres pris individuellement dans leurs groupes, l'Eglise et le monde en général. On observe une certaine tiédeur auprès des membres et même monotonie. Il y a des mêmes ministères qui sont exercés à partir des mêmes charismes pendant que les situations présentes nous mettent en face de nouveaux défis qui nécessitent un nouvel engagement.

Nous pouvons penser aux situations des conflits qui amènent aux guerres et des situations difficiles dans la société et quelque fois dans les groupes et qui provoquent des dispersions. On pourrait bien gérer ces situations en privilégiant le ministère de paix et de réconciliation. Les problèmes des jeunes dans nos groupes constituent une déstabilisation. Ne résolveront-ils pas cette difficulté en instituant un ministère comme celui des mamans dans le Renouveau. Plusieurs deviennent souvent allergiques quand il s'agit de réaménager le fonctionnement des ministères dans l'Eglise. La conception des ministères n'a jamais été délimitée.

Dès que surgissent les besoins et les services, le Seigneur dote des charismes pour l'exercice dans l'intérêt du peuple. Le Pape François ne cesse d'exhorter à une conversion pastorale et missionnaires '' j'espère que toutes les communautés feront en sorte de mettre en œuvre les moyens nécessaires pour avancer sur le chemin d'une conversion pastorale et missionnaire qui ne peut laisser ; les choses comme elles sont" ([48]).

Certains membres et surtout les responsables sont souvent allergiques à une proposition de changement, de révision de méthode pastorale où d'attention à un défi particulier. Ces responsables s'appuient toujours sur cet argument de tradition ''. On a toujours fait comme ça ''sans toutefois se poser des questions si l'on obtient encore des résultats souhaités et ou attendus. Bien plus, d'autres membres étouffent et bloquent même l'exercice des charismes qui n'entre pas dans leur vision ou conception. C'est le défi à vouloir radicaliser sa propre expérience spirituelle et se fermer à des innovations ou d'autres expériences.

Nous signalons aussi la grande tendance dans les groupes à mettre un

[48] E.G. N°250

accent particulier sur l'administration copiée dans la société. Notre administration doit s'enraciner dans l'obéissance à l'Esprit. C'est-à-dire se laisser guider par l'Esprit, comme c'était le cas dans les premières communautés. La question fondamentale : que veut l'esprit pour son Eglise ? Le Pape François l'a souligné, « le danger pour le Renouveau comme le dit souvent notre cher Père Raniero Cantalamessa, c'est celui de l'organisation excessive : le danger de l'organisation excessive. Oui, vous avez besoin d'organisation mais ne perdez pas la grâce de laisser Dieu être Dieu" ([49]). Nous nous plaçons souvent à la place de Dieu. Combien de fois par an nos projets et nos plans d'action pastorale partent et se fondent même des prières, des veillées, de triduum et ou des neuvaines ? Les organisations des élections ne se basent-ils pas sur la prière. Certaines administrations sont lourdes avec privation de communicationet dialogue entre les membres

Bien souvent, l'administration de l'Eglise pèse sur le fonctionnement des groupes quand nos pasteurs ne maîtrisent pas suffisamment le fonctionnement et la spiritualité du groupe. Certains pasteurs se substituent aux responsables et imposent les mesures disciplinaires à la place des armes du dialogue, de la charité et de la miséricorde.

De leur côté, les membres des communautés nouvelles quant à eux refusent et rejettent parfois le contrôle de leurs pasteurs sous prétexte qu'ils sont un mouvement laïc oubliant que dès lors que le groupe a été accrédité par l'Eglise, il devient désormais le patrimoine de l'Eglise Tous ces défis constituent des entraves sincères au leadership et nécessitent un travail en communion.

Combien des membres quittent l'Eglise, les mouvements ou communautés parce qu'ils manquent des guides ou sont scandalisés par leur comportement. Le leader responsable doit être un modèle dans le

---

[49] FRANCOIS, Allocution à Kampala en Juillet 2014.

comportement qui luidonnera la force et le courage dans ses prises de position.

Dans sa vocation à l'instar de son maître, le leader est une personne appelée à modifier la pensée les actes et le comportement des autres. Il saura ainsi mobiliser les énergies pour vaincre les résistances au changement. Il doit alors privilégier l'exercice des charismes, la créativité, l'imagination, l'intuition, la volonté et toujours ferme dans les décisions jugées valides en privilégiant l'écoute, le dialogue.

De ce fait, le leader sera atteint par son souci "pour" une Eglise qui aura cessé d'être une Eglise de pouvoir pour se faire une Eglise servante où les chrétiens et les communautés offrent à leurs membres un milieu de reconnaissance respectueuse de promotion dans la dignité et l'enracinement quotidien" ([50]). De la sorte, on aura mille raisons d'éviter l'écart entre l'Eglise enseignante et l'Eglise enseignée, l'Eglise institutionnelle et l'Eglise charismatique

Ces quelques défis reposent encore une fois la responsabilité qui incombe au leader animateur d'un groupe ou d'une communauté. Sa fonction est essentiellement de produire le changement et de le gérer à partir de la bonne vision qu'il a de la structure comme état meilleur, état idéal qui fait rêver. Par rapport aux objectifs ainsi que la spiritualité et l'apostolat de la structure. Pour rendre efficace la vision, le dirigeant doit savoir captiver les membres, concilier les intérêts et les amener à investir leurs énergies.

Pour ce faire, le responsable leader doit savoir communiquer, partager les informations, tenir compte des avis et considérations des membres. La bonne communication peut facilement arracher l'adhésion des membres, la communauté et fasciner. Toute responsabilité est d'abord un service désintéressé dans l'Eglise, car le maître c'est le Seigneur lui-même. C'est

---

[50] NGWEY NGOND- A Ndege, Conditions théologales d'une contribution de la théologie morale africaine à l'élaboration d'un type de société, dans Théologie africaine bilan et perspectives. Actes de la 17ème semaine théologique de Kinshasa du 2 au 8 avril 1989, Kinshasa, FCK, 1989, pp. 331-338.

pourquoi fidèle et obéissant au maître dans locutions intérieures, à l'écoute de l'Esprit, le leader fascine par la communication, mais convainc plus par sa crédibilité intellectuelle et morale.

La crédibilité intellectuelle s'obtient à partir des expériences acquises, des lectures, des fréquentations des experts anciens, participations à de formations diverses, organiser des voyages d'échanges d'expériences et de la pratique de la réflexion personnelle. Il ne suffit d'être spirituel pour diriger un groupe ni d'avoir une ancienneté. Les échanges permettent d'améliorer et de revoir notre vision des choses. Les responsables doivent être capables de convaincre et de défendre leur position qui doit être celle du groupe. Il importe de Conduire ses réunions avec méthodes et techniques et savoir mettre en application les décisions et directives arrêtées en permettant à tout le monde de participer à la vie du groupe. Savoir accueillir même des avis contraires à sa propre vision, mais qui semblent utiles et pertinents ([51]) même dans l'avenir.

La crédibilité morale suppose et exige certaines qualités notamment l'honnêteté, la loyauté dans l'intérêt de la communauté, l'intégrité, la fidélité, la générosité, la simplicité, l'humilité, la persévérance et être désintéressé, non cupide. Le leader doit viser le développement de tous les membres qui ne dépendent pas chercher à commander en maître comme un chef abusif qui écrase ses collaborateurs et se sert d'eux comme marchepied pour monter.

III.2.Défi de réappropriation personnelle du Leadership

En effet, il se présente un autre défi qui est celui de la réappropriation personnelle et individuelle de cette dynamique de leadership créée par la foi au Christ. Le Chrétien est appelé renouveler, c'est par ce qu'il fait aussi à son niveau une expérience personnelle de la rencontre avec Dieu par l'effusion. Cette rencontre le pousse à son tour à être témoin du Christ (Ac1, 18). Le Pape

---

[51] N. SALUMU NDALIBANDU et I. MUKAMBILWA BABINGWA, *Pour concevoir et conduire un projet pastoral, op. cit.*, p. 46.

l'a bien souligné dans son message à Kampala en Juillet 2014 '' Quand le Saint Esprit renouvelle en nous les dons que nous avons reçus à notre baptême et notre confirmation, nous entrons plus en profondeur dans notre vie chrétienne qui nous donne la liberté ([52]). Comme il a encore fait remarquer, la plus grande liberté consiste à se laisser guider, conduire personnellement par le Saint Esprit ([53]).

Dans l'exercice de nos ministères au niveau communautaire et paroissial s'observe une léthargie et anonymat de l'engagement personnel. Nous éprouvons des difficultés à réaliser notre devoir de charité, de générosité et d'hospitalité dans le village, le quartier et l'avenue où nous vivons. Nous devrions intérioriser l'exercice du charisme et savoir l'exercer chaque fois que le besoin se présente. Tel est le cas du ministère de l'intercession et compassion pour les malades. Le milieu de vie témoigne parfois d'un besoin d'accompagnement des personnes sous l'emprise des forces du mal. Nous devons éviter d'être prisonniers des structures et intérioriser personnellement les implications de la foi par notrevie quotidienne.

Le ministère de l'évangélisation ou de l'enseignement peut bien être efficace s'il trouve un environnement favorable dans la famille. Notre ministère devra se refléter dans la famille, la communauté, le milieu de vie. Cet engagement doit s'observer aussi par une certaine prise de position personnelle face à une situation quelconque. Au nom de la foi, de la liberté, le chrétien accepte de marcher à contre-courant pour une vie noble conformément aux exigences de l'évangile. Ce sont là des leaders que l'église et la société ont besoin dans ce contexte actuel.

L'histoire du salut, dans l'ancien testament comme dans le nouveau testament est pleine de ces personnages charismatiques qui ont marqué le

[52] FRANÇOIS, Allocution à Kampala en Juillet 2014.
[53] FRANÇOIS, E.G. n°280.

monde par un courage exceptionnel. Nous pouvons citer ESTHER une femme courageuse qui a mis à profit ses talents en question pour libérer le peuple de la domination et l'exploitation du tyran (Esther 2-7). Nous avons SOUZANE qui a mis sa confiance en Dieu dans les cabbales montées par les vieillards et a surmonté parce qu'elle avait la ferme conviction d'être soutenue et protégée par Dieu dans sa situation et par d'autres. Nous avons le grand témoignage prophétique du jeune Daniel dans le procès contre SOUZANE. Daniel a déniché ouvertement et sans crainte la ruse de ces vieillards contre l'innocente Souzane (Dan, 13). L'histoire des Maccabées a démontré combien ces jeunes gens ont accepté de mourir plutôt que violer les lois de leur religion (1 et 2 Macc).

Dans le nouveau testament nous avons des apôtres et des nombreux disciples qui saisis par l'appel du maître ont tout quitté pour se mettre à son école. Saint Paul est l'exemple typique de cet abandon de tout pour le Seigneur. Nous avons des nombreux Saints en Europe comme en Afrique qui ont accepté de tout quitter, et ont subi même le martyre pour une vie au service du Seigneur. Ce service du Seigneur ne vise rien d'autre que l'humanisation, la dignité de l'homme et la gloire de Dieu. Pourquoi ne pouvons-nous pas compter des Saints, des Saintes à partir de témoignages des membres évoluant dans les communautés nouvelles ?

Le leadership de nos ancêtres et prédécesseurs dans la foi ne s'est pas observé seulement dans le ministère ordinaire de la parole de Dieu ou de l'Evangélisation en général mais surtout l'engagement prophétique dans les scènes politiques et les gestes frappant decharité.

Dans la vie politique et sociale en général, le chrétien prend parti pour le leader qu'il a choisi de suivre et d'obéir. C'est le Christ, le modèle. Sa référence est le christ. Ce dernier nous montre que le leadership est d'abord une option fondamentale, une affaire de conviction, de motivation et d'enracinement dans la foi, dans la rencontre personnelle avec Dieu. De ce fait, le Chrétien pris individuellement, doit se sentir investi d'une mission, d'une vocation de prendre position énergique et courageuse sur la vie personnelle, la vie du groupe, de l'Eglise et de la société, chaque fois que les circonstances malheureuses le suscitent.

Notre maître et Seigneur Jésus n'attendait pas avoir un âge avancé ou une responsabilité quelconque pour exercer sa mission rédemptrice et libératrice. Dès le bas âge il impressionnait les vieillards et les sages par cette dynamique d'engagement prophétique et cela l'a accompagné jusqu'à la fin de sa vie. Le défi qui nous ronge est la peur et la mollesse du chrétien à s'engager personnellement pour une cause noble. L'histoire de l'Afrique est émaillée de personnes de toutes catégories femmes, hommes, jeunes, enfants qui ont accepté de subir le martyre pour le Christ.

Nous n'avons pas reçu l'Esprit de peur mais de force qui nous donne une ferme conviction quand nous appelons Dieu Abba Père. Le Pape Benoit XVI renchérit endisant ''nous ne devons pas craindre l'hostilité ou l'impopularité, mais refuser tout compromis et toute ambiguïté qui nous conformeraient à la mentalité de ce monde (Rom12, 2). Nous devons être dans le monde mais non pas du monde (Jean 19,19, 17,16) avec la force qui nous vient du christ vainqueur du monde par sa mort et sa résurrection (Jean 16,33)" ([54]).

C'est pourquoi le cri pathétique de Saint Pie X sur le comportement des chrétiens garde son sens et sa pertinence en notre temps '' De nos jours plus que jamais, la force principale des mauvais, c'est la lâcheté et la faiblesse des dons. Et tout le nerf du règne de Satan réside dans la mollesse des chrétiens `` ([55]).

Certains pasteurs se présentent aussi parfois hostiles aux groupes ou

---

[54] Africae Mums p. 16-32, n°71

[55] SAINT PIE X, l'intervention du 13 Décembre 1908, cité par OBROU Aman Moïse, l'engagement chrétien en politique, P.90

mouvements qui ne cadrent pas avec leurs attentes et sentiments. Ils étouffent leur fonctionnement.

L'exigence du renouvellement nous oblige d'être actifs dans l'Eglise et dans le monde. C'est-à-dire être un facteur de bouleversement et de transformation positive.

A l'exemple du christ ''tout chrétien est appelé à devenir leader dans son milieu de vie, à être la voix des sans voix, de toutes les victimes de l'injustice, de la méchanceté des hommes dans l'Eglise tout comme dans la société en général. ([56])

III.3. Défi du sens de l'Eglise

Dans les éléments antérieurs, nous avons indiqué l'implication des membres laïcs dans la pastorale de l'Eglise au niveau communautaire, paroissial et diocésain. C'est une manifestation du sens de l'Eglise. Toutes les communautés nouvelles émanent de l'Eglise Catholique et doivent rester intimement liées à cette source qui est la mère nourricière. Il s'observe parfois une difficulté d'intégration des membres d'une communauté nouvelle dans la pastorale d'ensemble au niveau communautaire, paroissial, et Diocésain. Certains mouvements vivent malheureusement dans la rupture avec leur hiérarchie. De la sorte leur mouvement apparaît parfois comme une Eglise en rivalité avec les responsables. Ces mouvements apparaissent aussi parfois comme des sectes où les membres doivent obéissance à leurs responsables que ceux des institutions ecclésiales.

Bien plus, certains membres viennent dans les groupes ou mouvements avec des intentions contraires aux charismes, à la spiritualité ou l'apostolat. Les tendances sont celles de cultes de pouvoir ou des recherches matérielles égoïstes. L'épiscopat congolais met en garde les laïcs sur le comportement en

[56] Cfr Nestor SALUMU NDALIBANDU, Eglise et droits de l'homme en RDC, 1991 – 2016, Paris, L'Harmattan, 2018, P 145

ces termes : « Ces mouvements et associations ne devront jamais constituer des lieux de revendications, de privilège ou de remise en question de l'ordre établi ou de contestation de l'enseignement officiel de l'église. Ils ne devront pas non plus pendre l'allure des cercles privés ; de club fermé en dehors de la vie paroissiale ou de faction qui rivalisent ou vivent des jalousies entre-elles »[57].

La Communauté nouvelle n'a jamais été une Eglise dans une église même si quelque fois certains membres sont tentés par cette considération. Le Renouveau est un courant de grâce qui met l'Eglise en mouvement. Pour ce faire, le membre ou chrétien renouvelé doit être marqué par le sens de l'Eglise, l'amour de cette Eglise qui est sa mère et sonéducatrice.

Saint Jean Paul II exhorte les pasteurs de l'Eglise à ''cultiver le sens de l'Eglise chez les fidèles, éduquer les fidèles au sens de l'Eglise qui se traduit par l'amour pour la doctrine de l'Eglise, la vénération pour ses pasteurs, la docilité et l'obéissance à leurs directives. L'ouverture d'esprit et de cœur envers tous les membres de l'Eglise y compris les autres mouvements ou associations ecclésiales, l'esprit missionnaire et œcuménique, éviter de radicaliser sa propre expérience'' ([58]). Le sens de l'Eglise peut se manifester de nosjours par la connaissance de la doctrine qui la régit.

Beaucoup des fidèles s'égarent à cause de l'ignorance de la doctrine (Os4, 6), du prosélytisme des membres des sectes. Le Pape Benoit XVI déplore ce fléau en ces termes '' de nombreux mouvements syncrétiques et des sectes ont aussi vu le jour au cours de ces décennies. Leur dénomination et leur vocabulaire portent facilement à confusion, ils peuvent égarer des fidèles de bonne foi, profitant des structures étatiques en élaboration, de l'effritement des solidarités familiale traditionnelles et d'une catéchèse insuffisante, ces

---

[57] CENCO, Directoire sur la nouvelle évangélisation, **op. Cit, p. 28, N°69.**

[58] J. Paul II, Cité par Albert Marie de Monleon, Rendez témoignage, le Renouveau Charismatique Catholique, Rome, Paris, 1995, P. 176

nombreuses sectes exploitent la crédulité et offrent une caution religieuse à des croyances multiformes et hétérodoxes non chrétiennes. Elles détruisent la paix des couples et des familles à cause des fausses prophéties et visions. Elles séduisent mêmes des responsables politiques ''([59]).

Nous sommes très conscients du rôle joué par l'église pour empêcher l'influence des sectes en trouvant des solutions d'accompagnements pour les problèmesqui les poussent vers les sectes, et les mouvements syncrétistes.

Il importe que des efforts soient fournis pour la formation doctrinale efficace des fidèles. Les responsables des communautés nouvelles peuvent être outillés pour cela car déjà plusieurs sont des catéchistes au niveau communautaire et paroissial. Les responsables paroissiaux et diocésains peuvent être formés et les faire accéder aux documents de base. C'est ici qu'il convient d'apprécier les initiatives de formation des membres à la lecture biblique à partir de quelques grilles de lectures importantes ainsi que l'accès aux documents du magistères (catéchisme, documents conciliaires, compendium de la doctrine sociale, ...).

L'instrument de base d'enseignement par lequel les faux pasteurs ''déroutent les fidèles est la bible. Il s'observe le reniement ou la remise en question des éléments doctrinaux ''L'accent est plus mis sur le fondamentalisme dans l'interprétation des textes sacrés, les critiques sur les sacrements, les sacramentaux et des pratiques religieuses, ([60]).

L'Episcopat de notre pays privilégie une catéchèse inculturée de la foi catholique avec pour souci d'affiner les méthodes d'évangélisation notamment par une catéchèse enracinée dans l'écriture et le Magistère de l'Eglise ([61]). Nous voyons ici les sources doctrinales, les Ecritures saintes, le catéchisme de

---

[59] Africae Munus n°91

[60] SALUMU NDALIBANDU Nestor, Soyons prêts à répondre à quiconque nous demande de rendre compte de notre foi, Goma, dyna printer, 2018,p.2

[61] CENCO, Défis pastoraux op. cit, p.143

l'Eglise catholique, les 16 documents conciliaires, le code de droit canonique, le compendium de la doctrine sociale de l'Eglise, les lettres encycliques, les exhortations apostoliques…

Le sens de l'Eglise peut être aussi vécu dans les bonnes relations de fraternité entre les fidèles et leurs pasteurs. Conscients de la Vocation de tout un chacun dans l'Eglise, le respect mutuel devrait caractériser la vie communautaire dans les structures ecclésiales. ''Car une charité qui ne respecte pas la justice et le droit de tous est erronée" ([62]). De la même façon que les membres de Communautés nouvelles s'investissent pour défendre leur groupe dans l'Eglise ; ils doivent le faire pour soutenir la doctrine de l'Eglise et leurs pasteurs qui sont les miroirs. Défendre la doctrine et faire respecter ses pasteurs c'est en même temps aimer son Eglise et son groupe.

Bien plus, aimer son Eglise suppose aussi contribuer à son édification par des idées, des prises de décisions, des conseils, des observations légitimes en toute honnêteté et respect mutuel. Ceci ne peut être possible que si de la part des pasteurs et des fidèles on est convaincu que l'Eglise est l'affaire de nous tous. Il faudra pour ce faire éviter de radicaliser sa position ou ses dévotions mais aussi éviter de tomber souvent dans le cléricalisme ou dans le laïcisme non moins tyranique. Comme disait MENRAD HEBGA. Les membres doivent pour ce faire éviter de venir chercher le pouvoir ou les avantages matériels ou financiers.

Le sens de l'Eglise peut aussi s'observer si l'on gère bien la question du conflit entre charisme et pouvoir hiérarchique. Cultiver le courage de gérer pacifiquement le conflit dans les groupes et dans l'Eglise ainsi que s'efforcer de rompre avec la peur peut aider à combattre les germes de division et le danger de quitter l'Eglise.

---

[62] Africae Mumus n°18

III.4.Défi de l'engagement sociopolitique

Parmi les conséquences d'implication de la foi ou de l'adhésion au Christ figure l'engagement politique. Nous trouvons que Jésus utilisait ''pendant son ministère les stratégies d'annonce et de dénonciation. Nombreuses sont les prises de position énergiques de Jésus face aux maux qui rongent la société de son époque et dont la dénonciation théologique constituait ouvertement sa mission '' ([63]).

Nous découvrons les invectives contre les dirigeants de son époque notamment les scribes et les pharisiens chez qui il condamnait l'hypocrisie, l'injustice sociale, la cruauté dans la parabole des vignerons homicides (Math21, 33-45)et l'injustice sous toutes ses formes ''malheur à vous scribes et pharisiens hypocrites, qui acquittez la dîme de la menthe, et du cumin, après avoir négligé les points les plus graves de la loi, la justice, la miséricorde et la bonne foi, c'est ceci qu'il fallait pratiquer sans négliger cela. Guides aveugles qui arrêtent au filtre le moustique et engloutissez le chameau (Math23, 21-24). C'est ce que stipule Benoit AWAZI sur le ministère et la vie de Jésus-Christ. '' La prédication du Royaume de Dieu par Jésus-Christ l'entraina tout droit devant un affrontement fatal avec les autorités politiques et religieuses (…) en dénonçant l'hypocrisie et l'idolâtrie des autorités politiques de son époque, Jésus libère les pauvres et les opprimés du joug des despotes et des tyrans de son époque mais aussi ceux d'aujourd'hui.'' ([64]) Efoé Julien PENOUKOU renchérit en explicitant en ces termes '' la foi chrétienne telle que nous la percevons et la comprenons dans la vie et l'enseignement de Jésus, propose de réaliser l'homme, de réaliser tout ce que l'homme porte en lui d'aspiration légitime, d'espérance profonde, elle propose d'aider l'homme à agir et à réagir

---

[63] SALUMU NDALIBANDU Nestor, Eglise et droits de l'homme op. cit,2018, P. 81

(58) [64] Benoit AWAZI, De la post colonie à la mondialisation néo-libérale, radioscopie éthique négro-africaine, Paris, L'Harmattan, 2011, P.149

contre tout ce qui le déshumanise, l'appauvrit,l'aliène et le mutile.''[65]

En effet, dans l'histoire de l'Eglise, depuis Léon XIII, les différents Papes jusqu'à l'actuel Pape François sont entrés dans cette dynamique d'engagement politique par la promotion des droits et des devoirs civiques. L'Eglise du Congo par l'entremise de notre Episcopat réalise un travail prophétique de titan. Etant donné que la dignité humaine est plus souvent bafouée, la politique et la philosophie de la charité développées par l'Eglise, permet à l'homme écrasé et marginalisé de retrouver sa dignité d'être crée à l'image et à la ressemblance de Dieu (Gen 1, 26-28). Parlant de l'Afrique, le Pape Benoit XVI légitime cette action en ces termes, '' la conscience humaine est interpellée par des graves injustices existant dans notre monde, en général et à l'intérieur de l'Afrique en particulier '' ([66]).

Cependant, la difficulté observée est ce manque de réappropriation de cette dynamique d'annonce et de dénonciation à labase dans les communautés, les villages par les fidèles pris collectivement et individuellement.

C'est ce qui serait attendu d'un chrétien comme le confirme fidèle MABUNDU '' le témoignage du message chrétien devrait passer désormais, plus par un engagement au service des projets humains que par une expérience religieuse coupée de la vie '' ([67]).

Il s'observe une sorte de léthargie quant à l'engagement sociopolitique des laïcs par rapport à la situation de crise dans la nation. Devant une situation dramatique de guerre ou d'insécurité, les fidèles laïcs ont tendance à toujours attendre que la hiérarchie se prononce ou à se limiter à prières ou à des assistances sociales et humanitaires.

En effet, tout chrétien est appelé à devenir leader à l'exemple du Christ

---

[65] Efoé Julien PENOUKOU, Eglise d'Afrique, proposition la venue, Paris, Karthala, 1994, 276.

[66] Benoit XVI, Africae Munus, N°24.

[67] Fidèle MABUNDU, Lire la bible dans un milieu populaire, Paris, Karthala, 2003, p. 338.

dans son milieu de vie, être la voix des sans voix. C'est-à-dire être la voix de toutes les victimes de l'injustice, de tracasserie policière, de tous ceux dont toute velléité de désaccord est parfois réprimée par lepouvoir en place ([68]).

Cet engagement des leaders doit s'articuler autour des principes stratégiques de la doctrine et de la piété. Nous citons les bases spirituelle et doctrinale : prières, dévotions, orientation doctrinale des saintes écritures et du Magistère de l'Eglise. Saint Paul VI privilégie pour sa part le dialogue et la persuasion, ''avant de convertir le monde, il faut l'approcher et lui parler ‘‘ ([69]).

Le comportement déploré souvent semble être l'amoindrissement des engagements sociaux. Les membres sont démobilisés pour l'action sociale et politique. Plus souvent les membres des communautés nouvelles et les chrétiens laïcs en général sont comparables à des philosophes qui rêvent, idéalisent, contemplent les cieux, avec les pieds qui trébuchent et s'écrasent dans la boue. C'est le fait de ne pas avoir les deux pieds sur terre.

C'est comme disait Monsieur OBROU Aman Moise de Côte d'Ivoire pendant le 8e congrès panafricain du Renouveau Charismatique Catholique tenu au Burundi en 2016. '' Nous avons suffisamment prophétisé et assez rêvé. Passons à l'action".

Tout le monde doit comprendre combien la foi chrétienne, nous oblige à agir pour la promotion de la dignité humaine. Notre foi nous pousse à l'exemple du Christ à aider les Chrétiens à réagir contre tout ce qui déshumanise l'homme crée comme lui à l'image de Dieu. Pour nos groupes respectifs, la prière prothétique devient un besoin, à cause des structures de pêché dans lesquelles nous vivons auquotidien.

Dans nos villages, nos avenues, nos groupes, nous devons jouer, le rôle

---

[68] Cfr J.M. ELA, R, et CHRISTIANE NGENDAKURYO, Voici le temps chrétiens, Eglises d'Afrique et voies nouvelles, Paris, Karthala, 1981,p.204

[69] PAUL VI, Ecclesiam suam, dans D.C, n°1431 du 6 septembre 1964, P.1072.

d'annonce et de dénonciation, être la voix des sans voix face à des structures oppressives.

Les grandes guerres viennent des situations de conflits, de tension non gérée pacifiquement. Nos groupes devaient être aussi un lieu de réflexion dynamique et prospective pour l'enracinement culturel de la foi mais aussi lieu de réflexion pour la libération politique, économique et socioculturelle des populations.'' Les appels du terrain et les attentes des baptisés restent sans réponses pastorales adéquates, ainsi on voit une Eglise qui danse perpétuellement dans un monde qui pleure, une Eglise tranquille dans une société volcanique`` ([70]).

---

70 F. MUTEBA, Eléments pour une pastorale de la libération, art. cit,P.232.

CONCLUSION GENERALE

Nous nous trouvons au terme de ces réflexions menées sur l'actualité du leadership dans l'apostolat des laïcs en général et spécialement ceux évoluant dans les groupes des communautés nouvelles. Le souci était de répertorier l'imitation des laïcs à leur maître et Seigneur Jésus Christ dans la mise à profit des dons et charismes pour le salutdes hommes et la gloire de Dieu.

Dans le premier point nous avons tenté d'analyser les quelques paradigmes pour nous permettre une bonne compréhension et réappropriation de la dynamique de l'engagement pour le leadership des laïcs dans l'Eglise et dansle monde.

Dans le deuxième point, nous avons porté notre étude sur la réalisation du leadership par les laïcs dans les différents mouvements à partir de leur apostolat dans l'Eglise et dans le monde. Nous y avons décelé quelques défis qui ont permis de poursuivre le troisième et dernier point.

Dans ce troisième nous nous sommes penchés sur les grands défis observés suivis des perspectives de solutions. Il s'agit des défis de réappropriation personnelle de la dynamique, celui du sens de l'Eglise de la conservation pastorale et missionnaire ainsi que celui du prophétisme dans la dimension sociopolitique. Des interpellations ont été formulées pour les laïcs et la hiérarchie. Il est temps que les laïcs sortent de la léthargie, la peur et l'attentisme pour s'engager dans la libération holistique et la promotion de la dignité humaine.

Cet apostolat des laïcs par lequel ils réalisent un leadership peut être encore efficace si l'attention est portée sur le génie culturel africain basé sur la spiritualité de la vie et de la communion. C'est ce que Joseph Thiam en partant du réveil de l'Afrique « Quoi qu'il en soit, notre Afrique est embarquée. Il faut espérer qu'elle apportera à l'évolution de la conception sur la vie en société et sur la personne humaine tout le sérieux qu'on lui connaît par ailleurs. Elle sera chrétienne non seulement, du point de vue des statistiques-cette nuance qui pousse la mesure du travail missionnaire, mais dans son âme, dans sa vision du monde, dans son comportement vis-à-vis d'autrui. Si on ne lui présente pas un Christ désincarné ou religion indiquée dans une tradition étrangère à son génie » ([71]). C'est la prise de conscience qui renaît en notre temps de la corrélation ou de la symbiose entre la foi chrétienne et les éléments culturels positifs africains. Il se présente un certain lien- Joseph Thiam renchérit en ces termes « Et qui pourra dire si la vocation d'une Afrique chrétienne n'est pas de redonner à l'Eglise d'aujourd'hui le sens et la mystique communautaires des âges apostoliques » ([72]).

C'est un défi qui est lancé aux membres de communautés nouvelles de réfléchir suffisamment sur leur contribution pour la vitalité de l'Eglise en Afrique à partir de leur génie culturel. Il s'agira aussi de créer des initiatives pastorales en communion avec la Magistère pour répondre aux nouveaux problèmes qui surgissent dans la conversion pastorale et missionnaire tant encouragé par le très saint père « Dans chaque pays ou régions peuvent être cherchées des solutions plus inculturées attentives aux traditions et aux défis locaux. Car les cultures sont très diverses entre elles et chaque principe général a besoin d'être inculturé s'il veut être observé et appliqué » ([73]). Les laïcs doivent s'investir aussi dans la connaissance de la doctrine grâce à une formation théologique. Cela épargnerait beaucoup d'incompréhensions ou de conflits avec la hiérarchie de l'Eglise.

---

[71] Joseph Thiam, Du clan tribal à la communauté chrétienne dans Des prêtres noirs s'interrogent cinquante ans après … (Léonard SAINT EDI Kinkupu, Gérard BISSAINTHE et Meinrad HEBGA).

[72] Ibidem.

[73] FRANÇOIS, Amoris Laetitia, Exhortation apostolique sur l'amour dans la famille, Document de l'Eglise, Paris, Cerf, Bayard 2016, n°3.

BIBLIOGRAPHIE

1. CENCO, ***Peuple congolais lève-toi et sauve ta patrie, fidélité à l'unité nationale et à l'intégrité territoriale de la RD CONGO***, Kinshasa, Secrétariat, 2013.
2. Idem, ***Directoire sur la nouvelle Evangélisation et la catéchèse dans la perspective de l'Eglise famille de Dieu***, Kinshasa, Secrétariat de la CENCO, 2001.
3. Idem, ***Défis pastoraux au seuil du XXIe Les Evêques de l'Eglise-famille de Dieu en République Démocratique du Congo en visite ad. Limima Apostolorum à Rome du 15 Janvier au 14 Septembre 2006***, Ed. Secrétariat Général de la CENCO, Kinshasa Gombe,2006.
4. ***Concile Œcuménique Vatican II, Constitutions, Décrets et Déclarations*, Centurion,** Paris, 1967.
5. N. SALUMU NDALIBANDU N., ***Eglise catholique et droits de l'homme en RDC 1991-2016***, Paris, L'Harmattan, 2018.
6. Idem, ***Les prières d'exorcisme et de guérison dans l'Eglise catholique en Afrique. Lecture théologique et pastorale***, Paris, L'Harmattan, 2017.
7. Idem, ***Soyons prêts à répondre à quiconque nous demande de rendre compte de notre foi***, Goma, dyna printer, 2018.
8. N. SALUMU NDALIBANDU Nestor et I. MUKAMBILWA BABINGWA ***Pour concevoir et conduire un projet pastoral dans l'Eglise famille de Dieu***,Kigali, Palloti Presse, 2018.
9. I. NYIRINDEKWE, ***Christianisme et coopération dans l'Eglise, Parole et silence***, Faculté de Théologie, Lugano, 2001.
10. FRANÇOIS, ***Allocution à la célébration de 50 ans du renouveau charismatique à ROME***, 2017.

10. Idem, ***Allocution à Kampala*** en Juillet 2014
11. Idem, ***Amoris Laetitia, Exhortation apostolique sur l'amour dans la famille, Document de l'Eglise***, Paris, Cerf,Bayard 2016, n°3.
12. RATZINGER J. et MESSOR, ***Entretien sur la foi***,Paris, Fayard, 1985.
13. MUTEBA F., ***Eléments pour une pastorale de la libération, analyse et critique à partir du contexte Africain, dans Repenser le salut chrétien en Afrique, Semaine Théologique Kinshasa, F.C.K, Kinshasa, 2004.***
14. PAUL VI, ***Exhortation apostolique evangeli nuntiandi (9 décembre 1975)* dans D. C N°1688 (1976).**
15. Idem, ***Ecclesiam suam***, dans D.C, n°1431 du 6septembre 1964.
16. JEAN PAUL II, ***Ecclesia in Africa, sur l'Eglise en Afrique et sa mission évangélisatrice vers l'an 2000,*** Kinshasa, Médiaspaul, 1995, n°31.
17. Idem, ***Novo millenio ineunte (Janvier* 2001),** In A.A.S. 93 (201) P.C 2240 5 (2001).
18. AWAZI MBAMBI B.,***Panorama de Théologie-négro africaine contemporaine***, Paris, L'harmattan, 2002.
19. Idem, ***De la post colonie à la mondialisation néo- libérale, radioscopie éthique négro-africaine,***Paris, L'Harmattan, 2011.
20. Mgr O'CONNOR, ***Le Renouveau Charismatique, origines et perspectives***, Paris, Beauchesne, 1975.
21. CANTALAMESA, ***Baptême dans l'Esprit***, Paris, Desclée de Brouwer, 1993.
22. OBRU Aman MOISE, ***L'engagement Chrétien en Politique, conférence tenue au 8ème congrès panafricainsdu RCC de l'Afrique francophone***, Bujumbura, 2016.
23. BENOIT XVI, ***Exhortation Apostolique Post Synodale Africae munus du Pape Benoit XVI sur l'Eglise en Afrique au service de la reconciliation de la justice et de la paix,*** Roma, Liberia, Ed Vatican, 2012.

24. THIAM J., ***Du clan tribal à la communauté chrétienne dans Des prêtres noirs s'interrogent cinquante ans après.*** (Léonard SANTEDI Kinkupu, Gérard BISSAINTHE et Meinrad HEBGA), Paris, Karthala-Présence Africaine, 2006.
25. Fidèle MABUNDU, ***Lire la Bible dans un milieu populaire***, Paris, Karthala, 2003, p.338.
26. Efoé Julien PENOUKOU, ***Eglise d'Afrique, proposition l'avenu***, Paris, Karthala, 1994.
27. JIMI Zacka, ***Le leadership en question : Dimensions théologiques et valeurs éthiques, dans Ethique et Société Revue de réflexion morale, construire un leadership d'Avenir, Concept, Contexte et Engagement***, Volume 13, numéros 1-2, Janvier- Août 2017, Kigali.

Table de matières

Du même auteur

1. Les Prières d'exorcisme et de guérison dans l'Eglise catholique en Afrique. Lecture théologique et pastorale, Paris, L'Harmattan, 2017.
2. Les Prières d'intercession et l'accompagnement spirituel en Afrique, Mauritius, croix du salut 2018.
3. Histoire du Diocèse de Kindu (1907 2017). Lecture théologique et pastorale, Kigali, Palloti presse, 2018
4. L'Eglise catholique et droits de l'homme en RDC 1991 2016, Paris, L'Harmattan, 2018.
5. Soyons prêts à répondre à quiconque nous demande de rendre compte de notre foi (1 P. 3,15), Goma, dina printer, 2018.

Printed by Books on Demand GmbH, Norderstedt / Germany